CAPÍTULO 1

Título: "Laços Desfeitos: Um Romance Policial de Amor e Obsessão"

Sinopse:

"Laços Desfeitos" é um emocionante romance policial que mergulha no obscuro mundo de um crime passional. A trama se desenrola quando o corpo de um jovem detetive é encontrado brutalmente assassinado em seu apartamento. À medida que a investigação se desenrola, segredos obscuros e um intenso jogo de poder emergem, revelando uma teia complexa de relacionamentos.

Anabela, uma talentosa detetive de homicídios, é designada para o caso e logo descobre que o crime é mais do que um simples assassinato. Movida pela sua intuição e determinação, ela embarca em uma jornada perigosa, enfrentando desafios e perigos inesperados.

Dedico este livro

Aos meus pais (in memoriam) pela orientação e formação.

À minha esposa Maria Teresa e meus filhos: Daniel e

Juliana, razão da minha luta

Catalogação na Publicação (CIP)
(Câmara Brasileira do Livro, SP, Brasil)

Garcia, Antonio Laços desfeitos / Antonio Garcia. –
1. ed. -- Batatais, SP : Ed. do Autor, 2024.
ISBN 978-65-01-00843-1 1. Romance brasileiro
I. Título. 24-204385 CDD-B869.

Ficha catalográfica elaborada pelo Eliane de Freitas Leite - Bibliotecária - CRB 8/8415

Sobre o autor:

Antônio Carlos Garcia, casado e pai de dois filhos, licenciado em Matemática (Licenciatura Plena) pela Faculdade de Filosofia, Ciências e Letras "Barão de Mauá" em Ribeirão Preto, SP.

Atividades Profissionais docentes

Professor efetivo de matemática desde 1983 na Rede Estadual de ensino de S. Paulo. Atualmente professor aposentado naEE "Dr. Washington Luis", em Batatais, SP. Professor aposentado da escola técnica ETEC "Antônio de Pádua Cardoso" do Centro Paula Souza, na mesma cidade.

Foi professor de Física e Desenho Geométrico na Escola "Ateneu Barão de Mauá", em Ribeirão Preto, SP,em 1977.

Participou de dois mandatos na Diretoria da Apeoesp– Sindicato dos professores do Estado de S. Paulo, de 1989 a 1990 e de 1999 a 2001.

Outras Atividades

Foi eleito vereador, exercendo o mandato de 2000 a 2004 em Batatais, SP. Nesta experiência política, muito contribuiu para a educação e área social do seu município.

Índice

Capítulo 1: Em busca de respostas........pág.08

Capítulo 2: O Mistério de Anabela........pág.11

Capítulo 3: A procura de pistas............. pág.17

Capítulo 1

Em busca de respostas

Enquanto Anabela busca respostas, ela depara-se com uma paixão ardente, um amor proibido que pode estar relacionado ao crime. Ela se vê envolvida em um quebra-cabeça de emoções e sentimentos que testarão seus limites pessoais e profissionais.

Conforme Anabela se aprofunda nas camadas do mistério, descobre que todos os envolvidos têm um motivo para mentir e uma conexão com a vítima. Nesse jogo de gato e rato, ela precisa desvendar a verdade oculta em um emaranhado de mentiras, ciúmes e traições.

"Laços Desfeitos" é uma narrativa cheia de reviravoltas, onde cada página revela segredos sombrios e desconcertantes. Descubra quem é o verdadeiro culpado por trás desse crime passional enquanto Anabela luta contra o tempo para resolver o mistério antes que ele se torne um jogo mortal.

Prepare-se para uma leitura eletrizante, onde o amor, a obsessão e a intriga se entrelaçam em um romance policial envolvente. Em "Laços Desfeitos", o amor pode ser a chave para desvendar um crime hediondo, mas também pode ser a motivação por trás de um assassinato.

Capítulo 2: "O Mistério de Anabela"

"O Mistério de Anabela" é um romance policial emocionante que acompanha a vida de Anabela, uma jovem detetive obstinada. Após o misterioso desaparecimento de sua irmã gêmea, Sofia, Anabela decide deixar sua carreira como policial para investigar o caso por conta própria, pois, em sua casa, sua mãe, Cecília, estava desesperada com o misterioso desaparecimento de sua filha. Com suas habilidades analíticas e determinação incansável, mergulha em um mundo sombrio de segredos, intriga e assassinato.

Anabela é uma mulher inteligente e corajosa, com um talento especial para desvendar enigmas. Determinada a descobrir o que aconteceu com sua irmã, ela segue um rastro de pistas que a conduz a uma rede sinistra de criminosos e figuras poderosas. À medida que mergulha mais fundo na investigação, ela descobre que Sofia estava envolvida em atividades perigosas e obscurecidas por uma teia de intrigas.

Na casa de Anabela, sua mãe mal consegue dormir ou ainda, se alimentar um sentimento de culpa pelo desaparecimento de sua filha Sofia.

Agindo como uma investigadora clandestina, Anabela começa a se aproximar dos suspeitos, escondendo sua verdadeira identidade e enfrentando perigos inesperados ao longo do caminho. Ela encontra aliados improváveis, como um hacker brilhante, chamado Lucas, juntos, formam uma equipe para desvendar os segredos sombrios por trás do desaparecimento de Sofia.

Por outro lado, os pais de Zezé, investigador policial, queriam descobrir o real motivo de seu o assassinato, uma vez que ele era um profissional dedicado e também um aluno brilhante nos cursos que fizera.

No inconformismo, os pais de Zezé, sempre se queixavam com Anabela pela demora em desvendar o assassinato de seu filho.

Conforme Anabela segue as pistas que a levam por diversos locais do submundo, depara-se com assassinatos brutais, traições e segredos perturbadores de seu próprio passado. A cada revelação, ela se aproxima da verdade sobre o que realmente aconteceu com sua irmã, descobrindo uma conspiração que tem consequências muito maiores do que jamais imaginou.

Confrontada por figuras poderosas que farão de tudo para proteger seus segredos, Anabela enfrenta riscos imensos para obter justiça para sua irmã e garantir a segurança daqueles que ama. Enquanto o tempo passa rapidamente, ela se vê cada vez mais envolvida em uma batalha perigosa entre a lei e a corrupção.

Em um clímax emocionante, Anabela confronta pessoalmente os responsáveis pelo desaparecimento de sua irmã e desvenda uma verdade chocante que mudará sua vida para sempre. "O Mistério de Anabela" é uma história emocionante que combina suspense, romance e mistério, mantendo os leitores ávidos por descobrir quem está por trás de tudo.

Voltando no tempo, quando ainda Anabela não havia se afastado da polícia, depara-se com o homicídio de seu colega Zezé, também investigador da polícia e seu chefe no departamento de polícia, determina que ela investigue a causa do homicídio de Zezé. Mal sabia Anabela que o crime em questão estava relacionado com o desaparecimento de sua irmã.

Capítulo 3

À procura de pistas do desaparecimento de Sofia

Por mais que Anabela, continuasse suas investigações, não conseguia, desvendar este misterioso caso: a relação do desaparecimento de sua irmã e a morte do seu colega de trabalho. Porém, seu faro de investigadora não imaginava haver relação entre os dois casos. Embora isto aguçe seu instinto de investigadora, vai ainda além seu espírito investigativo.

Através de uma amiga em comum, descobre que sua irmã, Sofia, teve uma relação amorosa com o seu colega investigador, Zezé. Isso começava a fazer sentido sobre sua investigação. É claro que seu homicídio, poderia explicar o desaparecimento de sua irmã. Com foto desta sua irmã, foi procurando contato de seus informantes até descobrir que ela poderia estar, com temível grupo de traficantes. Para poder chegar ali, solicitou de seu ex-chefe policiais militares e civis, a invasão, deste suposto grupo de traficantes para busca de sua irmã, observou que de fato sua Irmã estava lá, como se fosse refém do chefe do grupo de traficante. Foi efetuado a prisão de Chicão agora conhecido como chefe do tráfico local. Assim Anabela desvenda mais um caso e sendo reintegrada a polícia civil com honrarias.

Lista de livros publicados pelo Prof.Garcia

1. Tópicos de atemática financeira: matemática financeira
2. Tópicos de estatística básica: estatística
3. Cálculo financeiro: matemática aplicada à administração
4. Como estudar matemática: estudar matemática: guia prático
5. Jaguaretê
6. Geometria espacial: nova abordagem
7. Funções periódicas
8. Sequências, PA.PG - Funções exponencial e logarítmica
9. Matrizes determinante combinatória e números complexos
10. Livro de crônicas 1
11. Funções Reais
12. Geometria Analítica: resolvendo problemas
13. Fundamentos da matemática Financeira
14. Cálculos Financeiros e Estatísticos
15. Cálculos Estatísticos
16. Estatística para o Ensino Técnico integrado ao Médio (ETIM)
17. Resumão: matemática ensino médio
18. Matemáticos Famosos
19. Jaguaretê, the city of "colonels"
20. Geometria Plana

21. Livro de crônicas 2
22. Como será nosso futuro
23. Ensinando Matemática na pandemia
24. Resistência: quebrando barreira
25. Correntes políticas
26. Resumão matemática ensino médio para concursos
27. Correntes Políticas
28. A vida como ela é
29. Paixões ardentes
30. A história de Eva
31. O que é a vida
32. Laços desfeitos

Todos os livros podem ser adquiridos pelos sites:

https://agbook.com.br/books/search?what=Antonio+carlos+garcia&sort=&commit=BUSCA

www.ingramcontent.com/pod-product-compliance
Ingram Content Group UK Ltd.
Pitfield, Milton Keynes, MK11 3LW, UK
UKHW021938190726
13853UKWH00004B/1514